Chao-Hsiu Chen
Vom Glück der Liebe
und der Lebensfreude

SERIE PIPER

Zu diesem Buch

Glücklich sein – das möchte jeder Mensch. Doch was ist eigentlich Glück? Und wie findet man es? Das Glück begegnet uns in den unterschiedlichsten Situationen, wir müssen es nur als solches erkennen. Die Künstlerin Chao-Hsiu Chen vermittelt fernöstliche Lebensphilosophie und zeigt die vielfältigen Facetten des Glücks. Ob in der Freundschaft, in der Liebe oder im bewussten Erleben der Zeit – Glück kann man finden und im Alltag erleben. Anhand von Gedichten, Weisheiten, kleinen Geschichten, philosophischen Gedanken und Kalligraphien erklärt uns die Künstlerin, wie einfach es ist, glücklich zu sein, wenn man es versteht, im inneren Gleichgewicht zu leben.

Chao-Hsiu Chen wurde in Taiwan geboren, wo sie in den alten Weisheiten des Buddhismus, des Konfuzianismus und des Taoismus unterrichtet wurde. Sie studierte klassische Musik in Wien und Salzburg. Die fünfsprachige Schriftstellerin, Komponistin, Malerin und Feng-Shui-Expertin lebt und arbeitet in Rom. Ihre Bücher wurden bereits in mehreren Ländern zu großen Erfolgen.

Chao-Hsiu Chen
Vom Glück der Liebe und der Lebensfreude

Mit zahlreichen Kalligraphien

Piper München Zürich

Diese Zusammenstellung basiert auf den folgenden Bänden: »Vom Glück, geliebt zu werden«, »Vom Glück, Zeit zu haben«, »Vom Glück, Freunde zu haben«, »Vom Glück der inneren Ruhe« und »Vom Glück der Lebensfreude«, arsEdition, München 2001 und 2002.

Von Chao-Hsiu Chen autorisierte Übertragung aus dem Amerikanischen durch Hans Christian Meiser

Die Kalligrafien auf den Zwischentiteln des Buchs bedeuten (von oben nach unten): Himmel – Erde – Mensch. Der Stempel im Innenteil des Buchs heißt: Nichts geschieht ohne Grund.

FSC

Dieses Taschenbuch wurde auf FSC-zertifiziertem Papier gedruckt.
FSC (Forest Stewardship Council) ist eine nichtstaatliche, gemeinnützige Organisation, die sich für eine ökologische und sozialverantwortliche Nutzung der Wälder unserer Erde einsetzt (vgl. Logo auf der Umschlagrückseite).

Originalausgabe
Dezember 2005

Erstausgaben: arsEdition, München 2001 und 2002
Umschlagkonzept: Büro Hamburg
Umschlaggestaltung: Cornelia Niere
Umschlagabbildung: Burstein Collection/Corbis
Foto Umschlagrückseite: Roswitha Press
Satz: EDV-Fotosatz Huber/Verlagsservice Pfeifer, Germering
Papier: Munken Print von Arctic Paper Munkedals AB, Schweden
Druck und Bindung: Clausen & Bosse, Leck
Printed in Germany
ISBN-13: 978-3-492-24588-3
ISBN-10: 3-492-24588-9

www.piper.de

Inhalt

VOM GLÜCK,
GELIEBT ZU WERDEN

Ich finde nicht genügend Worte
Meine Liebe auszudrücken
Deshalb beschränke ich mich
Auf ein einziges: Liebe

Den
Tau des Morgens
Auf den
Blüten der Päonie
Bringe ich dir
Und netze deine
Lippen

Dieser Kuss
Kommt vom Himmel
Auf die Erde

Nimm meine Hand
Lass uns
Den Himmel erforschen

Die Liebe kann nur in einem stillen Garten gedeihen, in dem das Verstehen gewaltig lärmt.

Die Liebe gleicht den Jahreszeiten.

Als der Kaiser Shih-Tsung seine Gemahlin durch Krankheit verloren hatte, rief er den Meister Hong, damit dieser ihn in seinem Schmerz tröste. »Auch wenn du sie nicht siehst«, sagte der, »ist sie hier. Woher ich das weiß, möchtest du wissen. Ich habe sie gesehen.« »Wo denn?«, rief der Kaiser aufgeregt. »In deinem Herzen«, antwortete Meister Hong.

Ein Mann und eine Frau hatten sich in der Wüste verlaufen. Keiner von beiden wollte den letzten Schluck des Wassers trinken. Jeder meinte, ihn dem anderen zukommen lassen zu müssen. Da fanden sie eine Quelle: die Quelle der Liebe.

Die Liebe muss wie eine Orchidee
behandelt werden.

Was der eine hat,
kann dem anderen nicht gehören.
Für Liebende gilt das Gegenteil.

愛

Liebe

愛

Wie der Wind
Ziehen wir dahin
Wie die Vögel
Lassen wir uns
Von ihm tragen
Unbeschwert
Ist unser Sein
Weil wir endlich
Wissen
Dass nur die Liebe
Schwebend macht

Alles
Fällt
Nur
Die
Liebe
Steigt
Empor

Lass die Liebe vorangehen,
wenn du von ihr erhört werden willst.

Du sagst: Ich liebe dich.
Weshalb sagst du nicht: Dich liebe ich?

Als der Buddha noch der Prinz Siddharta war, entschloss er sich eines Tages, alles hinter sich zu lassen – seine schöne Gattin, sein Leben in Luxus, seine Anwartschaft auf den Thron –, um einen Weg zu suchen, die Menschen vom Leid zu befreien. Beim Abschied sprach seine Frau zu ihm: »Ich weiß, dass du deine Aufgabe erfüllen musst, und ich liebe dich so sehr, dass ich dich ziehen lasse. Aber ich bitte dich mir zu versprechen, dass du auch mich den rechten Weg lehren wirst, sobald du ihn gefunden hast.« Viele Jahre später fand Siddharta sein Erwachen und wurde zum Buddha. Da kehrte er heim und dankte seiner Gattin, ohne die er die Weisheit nicht gefunden hätte.

Ein berühmter alter Schriftsteller heiratete eine ebenso berühmte junge Sängerin. Am Tag der Hochzeit sprach er zu ihr: »Das Alter trennt uns zwar, aber die Liebe hebt jede Trennung auf.« Sie lebten beide glücklich und ihr Ruhm dauert bis heute an.

Moral bedeutet: Liebe zu den Menschen.
Gesetz bedeutet: Liebe zur Moral.

Missachte die Liebe –
und sie wandelt sich
in nichts.

Achte die Liebe –
und aus dem Nichts entsteht
das Glück.

足

Zufriedenheit

足

Wenn du mich vermisst
Leidest du
Wenn du mich nicht vermisst
Leide ich

Leiden wir
An der Liebe
Oder lieben wir
Das Leid

Kann Liebe ohne Leid
Nicht sein
Geht es den beiden
Geradewegs wie uns

Mit den Blüten des Pfirsichs
Ist der Frühling
Wiedergekehrt
Unser Gelöbnis
Konnte der Winter
Nicht brechen
Wie viele Pfirsiche
Werden wir noch
Pflücken dürfen

Wer zufrieden ist, kennt die Liebe.
Aber Zufriedenheit bedeutet nicht,
keine Wünsche mehr zu haben.

Ist die Stimme der Liebe auch noch so zart,
man wird sie vernehmen.

Lian-Shi-Gion, ein bedeutender Gelehrter, sagte einmal: »Die meisten Menschen verbringen Flitterwochen, ich habe mich an Flitterjahren erfreut.«

Als die große Mauer errichtet werden sollte, zwang man viele Männer, ihre Dörfer und Frauen zu verlassen, um an dem gewaltigen Werk mitzuwirken. Doch waren sie erst einmal dort, kehrten sie meist nicht wieder heim. Sie arbeiteten sich zu Tode und starben namenlos im Schatten des Bauwerks. Die Frau eines der Arbeiter aber zog zum Grab ihres Mannes und weilte dort so lange, bis sie selber starb. Bis heute nennt man beider Namen, wenn die Rede auf die Liebe kommt.

Die Liebe gleicht dem Feuer: Legt man
kein Brennholz nach, erlischt es bald.

Früher hieß es:
Die Liebe kommt nach der Hochzeit.

Heute heißt es:
Man kann auch ohne Hochzeit lieben.

Morgen heißt es:
Was brauchen wir die Liebe?

忍

Toleranz

忍

VOM GLÜCK,
ZEIT ZU HABEN

天
地
人

Wohin gehst du
Lass mich mit dir gehen
Weshalb rennst du
Lass mich nicht im Stich
Halte ein
Ich bitte dich
Oder
Gelingt dir das nicht

Welcher Narr
Hat die Uhr erfunden
Wäre es
Nicht besser gewesen
Die Zeit
Nicht zu zählen

Je mehr Zeit man haben möchte,
umso schneller verrinnt sie.

Die Zeit läuft hinter dir nicht her.

Ein berühmter Zen-Maler verkaufte einst ein Bild an einen reichen Mann, doch der erhielt das Werk erst nach einigen Jahren. Als er sah, dass es nur aus einem schwarzen Pinselstrich auf weißem Reispapier bestand, war er furchtbar enttäuscht. Da führte ihn der Maler in einen Raum, in dem Tausende solcher Bilder lagerten und sagte: »Hier siehst du den Weg, den dein Bild zurückgelegt hat.« Da verstand der Reiche den Wert der Zeit.

Wung-Xi-Shi, der Meister der Kalligrafie, vertauschte einmal absichtlich seine Werke mit denen seines Sohnes. Jeder konnte sofort den Unterschied erkennen. Daraufhin gelobte der Sohn, so hart zu arbeiten, bis er der Kunst seines Vaters ebenbürtig war, was ihm auch gelang. Sein Vater lobte ihn daraufhin und sagte: »Nur die Zeit verleiht den Meistertitel.«

Blick auf die Uhr: Der eine Zeiger eilt davon, der andere hechelt hinterher. Doch ohne diese Unterteilung hätte beider Mühen keinen Sinn.

Trifft eine Uhr auf einen Kalender, fragen sich beide, wer wichtiger sei. Doch treffen beide auf die Zeit, verstummt ihr Fragen.

時

Zeit

呼

Ich habe
Keine Angst
Zurückzukommen
Denn ich bin
Nur ein Reisender
Mein Name
Ist
Zeit

Eile nicht
Niemand
Vermag
Dich
Zu
Überholen

Der Zeit nachzulaufen hieße Perlen in die See zu werfen.
Der Zeit voranzueilen heißt Samen in die Erde zu säen.

Jeder vermag zu pflanzen.
Nur die Zeit aber bringt die Reife.

Der junge Dichter Li-Tai-Bai sah einst eine Frau, die versuchte, aus einem Stück Eisen eine Nadel zu formen. Da verstand er die Bedeutung der Zeit und begann so eifrig zu studieren, dass er einer der besten Dichter des Landes wurde.

Ein Meister sprach zu seinen Schülern: »Wenn die Zeit gekommen ist, werdet ihr Buddha sehen. Wenn sie nicht gekommen ist, seht ihr nur euch selbst.«

Wer sich schwört:
»Dies ist das letzte Mal …«, weiß nicht,
wie das »letzte Mal« wirklich aussieht.

Wenn Licht und Schatten zusammenwachsen,
endet die Zeit.

去

Gehen

Das Leben
Ist
Kurz
In
Den
Armen
Der Zeit

Zeit
Schreibe deinen Namen auf das Wasser
Zeichne ihn in den Wind

Nenne mir deine Herkunft
Nenne mir dein Ziel

Vergiss mich nicht
Wenn du kommst

Vergiss mich nicht
Wenn du gehst
Zeit

Wenn die Zeit nicht verginge, wie könnten wir dann die Geschichte beurteilen?

Verlorene Träume sind verlorenes Leben.
Verlorenes Leben ist verlorene Zeit.

Ein Ziegenhirte verliebte sich einst in eine Magd. Die Göttin des Himmels versprach ihnen, dass sie sich täglich sehen könnten, wenn sie ihre Aufgaben zu aller Zufriedenheit erledigen würden. Doch die Liebenden waren voneinander so erfüllt, dass sie ihre eigene Arbeit völlig vernachlässigten, um jeden Augenblick der Zeit miteinander zu verbringen. Die Göttin des Himmels bestrafte sie dafür: Sie durften sich nur noch an einem Tag des Jahres treffen. Jedes Mal, wenn dies geschah, regnete es noch dazu. Man glaubt, dass es die Tränen der Liebenden waren, weil sie ihre Zeit nicht einzuteilen wussten.

Wie sieht die Zeit aus?«, fragte ein Lehrer seine Schüler. »Wie Tag und Nacht«, meinte einer. Ein anderer: »Wie der Wechsel der Jahreszeiten.« Ein dritter: »Wie das Leben.« Einer aber sagte: »Die Zeit gleicht einem Wasserfall. Es ist immer neues Wasser, das in die Tiefe stürzt, doch der Wasserfall bleibt stets der Gleiche.«

Die Zeit schweigt.
Es sind ihre Kinder, die sprechen.

Die Zeit hat mich fest im Griff.
Versuche ich mich zu befreien, verliere ich mich.
Ich danke der Zeit.

留

Bleiben

留

VOM GLÜCK,

FREUNDE ZU HABEN

天地人

Ein Freund kommt
Sein Schmerz sitzt tief
Ein Freund geht
Seine Seele ist heiter

Wir beide
Genießen
Das Wort
Das uns verbindet
Weil
Jeder von uns
Auch alleine
Sein kann
Wissend
Der andere
Ist
Immer
Für ihn
Da

Der Weise erkennt einen Freund auch ohne Wein.

Der wahre Freund erscheint erst, wenn man in Schwierigkeiten ist.

Nach dem Tod seines besten Freundes zerschlug der berühmteste Zitherspieler ganz Chinas sein Instrument und rief voller Schmerz: »Er war der Einzige, der meine Musik wirklich verstanden hat. Deshalb sollen meine Melodien für immer mit ihm begraben sein.«

Als zwei Freunde für lange Zeit voneinander Abschied nahmen, pflückte einer von ihnen einen Weidenzweig und überreichte ihn dem Freund mit den Worten: »Biegt man diesen Zweig, kann man sicher sein, dass er nicht bricht, sondern dass er stets in seine ursprüngliche Form zurückkehrt. Nimm ihn als mein Geschenk. Und wann immer du dich meiner erinnerst, biege ihn.«

Freunde sollten sich wie Wasser und Milch verhalten, nicht wie Wasser und Öl.

Ein guter Freund gleicht einem Spiegel.

友

Freund

Wir sind
Zwei weit entrückte
Sterne
Am dunklen Firmament

Betrachtet man uns aber
Aus der Ferne
Sieht man
Wie nahe wir uns sind

Sieh dir
Die Wolken an
Sie sind getrennt
Und doch vereint
Sie haben
Dasselbe Ziel

Mit dem rechten Freund tausend Gedanken auszutauschen, ist zu wenig.
Mit dem falschen Freund auch nur ein einziges Wort zu wechseln, ist zu viel.

Ist dein bester Freund gestorben, dann tanze und singe.
Denn er ist in den Großen Kreis zurückgekehrt.

Der engste Freund des Dichters Su-Tong-Po war sein Bruder. Doch beide sahen sich nur äußerst selten, denn der eine lebte im Norden des Reiches, der andere im Süden. Beide wussten: Es gibt weder für eine gute noch für eine schlechte Freundschaft einen Grund, sich oft zu sehen. Doch jedes Mal, wenn sie zueinander kamen, feierten sie ihr Treffen, als wäre es das allerletzte Mal.

Ein ehemaliger Freund des Su-Tong-Po, der nunmehr sein Gegner geworden war, lud den Dichter zu einem Mahl ein. Doch es gab nichts außer weißem Reis, weißem Salz und weißem Rettich. Der Mann sang auch noch: »Alles ist weiß, alles ist weiß.« Bald darauf erfolgte die Gegeneinladung. Der Gast war sehr hungrig, doch auf dem Tisch fand er – nichts! Daraufhin sang Su-Tong-Po: »Alles ist nichts, alles ist nichts.« Da schämte sich der Mann und bat den Dichter um Verzeihung. So wurden sie erneut zu Freunden.

Ein Freund, der einen nur lobt,
kann kein Freund sein.

Die Eigenschaften eines guten Freundes sind:
Ernsthaftigkeit, Güte, Wissensdurst.

知

Verstehen

知

Auch wenn wir
Getrennt sind
Und uns lange
Nicht sehen
Wir lieben
Den Nachtwind
Denn er
Kann verstehen
Dass die Hitze
Vorbei ist
Wenn die
Sonne geht
Und trotz
Aller Kälte
Die Freundschaft
Besteht

Trunken vom Mond
Bist du
Und vom
Duft der Blumen
Und dennoch
Willst du
Meine Freundschaft
Du wirst doch
Nicht etwa
Deine Freude
Teilen wollen

Alleine zu bleiben ist besser, als mit falschen Freunden die Zeit zu verbringen.

Feste können Freunde schaffen, aber kein Fest ist ohne Ende.

Der Mönch Fo-Inn war ebenfalls ein Freund des Su-Tong-Po. Eines Abends scherzte dieser: »Ist dir aufgefallen, dass in der Literatur Mönche oft von Vögeln begleitet werden?« Fo-Inn, der wusste, dass man bei einem Verrückten auch gerne »der hat ja einen Vogel« sagt, entgegnete: »Das ist der Grund, weshalb ich so oft und gerne bei dir bin.«

Auch wenn es heißt, dass man nur den Schnee vor seiner eigenen Hütte wegschaufeln soll«, dachte der Arme, »muss ich meinem Nachbarn helfen. Er ist zwar sehr begütert, aber jetzt, da er krank ist, nützt ihm sein Reichtum wenig.« – Kaum war der Winter vergangen, wurden beide die besten Freunde.

Erwarte keinen Dank,
wenn du einem Freund einen Gefallen erweist.

Wenn du von deinem besten Freund
Abschied nimmst, so tue es der Sonne gleich,
wenn sie sich am Abend von den Wolken löst.

Treue

VOM GLÜCK DER INNEREN RUHE

天地人

Das Erwachen
Ist in
Deinem Herzen

Wenn die
Innere Ruhe
Dort

Einzug hält

Dann endlich
Weißt du

Dass du
Nichts brauchst

Da du
Alles bist

Dein Herz
Gleicht
Einem Spiegel
Der dann
Beschlägt
Wenn
Du
Nicht mehr
In dich
Blickst
Und dort
Die Stille
Entdeckst

Von allen Lebewesen ist der Mensch das einzige, das die innere Ruhe suchen muss.

Der erste Schritt zur inneren Ruhe ist der Verzicht.

Ein reicher Mann, der trotz seines Geldes nicht glücklich war, besuchte ein Kloster, um dort in Erfahrung zu bringen, wie er sein Glück finden könne. »Versenke dich in dich selbst«, riet ihm einer der Mönche, »und wische den Staub von dem Spiegel, den du in dir entdecken wirst. Dann blicke hinein und finde die Stille in dir.« Nach einiger Zeit bat der Mann darum, im Kloster bleiben zu dürfen.

Der Kaiser machte seiner Lieblingskonkubine immer wieder Geschenke, doch nie schien sich diese darüber zu freuen. Als der Kaiser den Grund dafür erfahren wollte, meinte sie nur: »Alles, was du mir gibst, bewegt mich. Aber ich suche etwas ganz anderes: die Befreiung des Herzens, die man nur durch innere Versenkung erlangen kann.« Da wusste der Kaiser, dass er die rechte Frau an seiner Seite hatte.

Was hindert uns daran, die Stille zu finden?
Wir selbst sind es – mit unserem Sehnen.
Gibt man das Sehnen auf, verliert man nichts,
sondern gewinnt. Was gewinnt man? Sich selbst.

Nur innere Ruhe hilft, den Wechselfällen
des Lebens gerecht zu begegnen.

清

Klarheit

清

Der Lärm
Der Welt
Kann dich
Nicht länger
Stören

Wenn du
Bei deinem
Innersten
Angekommen
Bist

Plötzlich
Siehst du
Den Weg
Den du
Noch gehen
Wirst

Den Weg
Zum Glück

Blicke auf die Berge
Achte auf den See
Siehst du
Ihren Gleichmut
Spürst du
Ihren Stolz

Achte auf die Berge
Blicke auf den See
Siehst du
Ihre Weisheit
Spürst du
Ihre Kraft

Wenn du
Berg und See
Verstanden hast
Wird dir
Deren Wesen
Innere Ruhe
Schenken

Wer den inneren Frieden kennt,
weiß auch um den Lärm der Welt.
Doch nicht jeder, der den Lärm der Welt kennt,
weiß um die innere Ruhe.

Wer glücklich ist, ist noch nicht zufrieden.
Wer zufrieden ist,
hat die innere Ruhe noch nicht erreicht.
Wer sie aber gefunden hat,
ist glücklich und zufrieden.

Als der weise Konfuzius einmal von einem der Schüler gefragt wurde: »Meister, es gelingt mir nicht, innere Ruhe zu finden, was soll ich tun?«, antwortete dieser: »Schließe die Augen und stelle dir einen Baum vor, der vom Sturm gepeitscht wird. Siehst du, wie sein Stamm trotzdem ruhig und erhaben dasteht? Werde wie dieser Baum.«

Lao-Tse sagte einst zu Konfuzius: »Um zur inneren Ruhe zu gelangen, sollte man sich wie die Erde selbst verhalten. Täglich trampeln die Menschen auf ihr herum und fügen ihr Schaden zu – und doch schenkt sie einem täglich, was man zum Leben braucht.«

Die meisten meinen,
das Glück läge außerhalb ihrer selbst.
Erst wenn sie das Glück verlassen hat,
merken sie, dass alles Äußere nur Schein ist.

Die Welt wird nicht von selbst
immer hektischer und lauter,
sondern weil wir es sind,
die uns den Weg zur Stille durch
unsere Maßlosigkeit verbauen.

淨

Reinheit

淨

Dein Schatten
Ist ruhiger
Als du
Es bist

Versuche
Mit deinem
Schatten
Eins
Zu werden

Die Freiheit
Liegt
Nicht
Außen

Die Freiheit
Lebt
In der
Stille
Deiner
Selbst

Innere Versenkung heißt,
sich selbst zu überwinden.

Die Lotusblume wächst im Schlamm,
doch sie erhebt ihre Blüte zum Licht.
Dies ist der Weg, den man gehen soll,
um die Stille in sich zu finden.

Ist es der Wind, der die Fahne bewegt, oder wird durch die Bewegung der Fahne der Wind erkennbar?«, fragte ein Schüler seinen Meister. »Weder – noch«, antwortete dieser, »denn es ist dein Herz, das sich bewegt. Hast du aber die innere Stille gefunden, wirst du solche Fragen nicht mehr stellen wollen.«

Ein Schüler wollte wissen, wie man zur inneren Ruhe gelangt. »Durch Meditation«, lehrte ihn sein Meister. »Es langt also, mit verschränkten Beinen dazusitzen?« Der Meister lachte: »Das Geheimnis der inneren Versenkung liegt im Herzen, nicht im Körper. Löse dich von allem, das dich bewegt. Dann findest du, was du suchst. Löse dich aber auch von dem Gedanken, etwas finden zu wollen. Denn sonst gelangst du nie dorthin, wo du es finden wirst.«

Innere Ruhe hilft, unerschütterlich zu sein.

Ein Samenkorn muss
aus sich selbst heraus wachsen,
um seine Bestimmung zu erfüllen.
Wer die innere Ruhe sucht,
geht den umgekehrten Weg.

靜

Ruhe

静

VOM GLÜCK

DER LEBENSFREUDE

Das Gestern war voll der Freude
Denn ich lebe
Das Heute ist voll der Freude
Denn ich lebe
Das Morgen wird voll der Freude sein
Denn ich lebe

Eine reiche Ernte
Sorgt für Lebensfreude
Denn sie ist der Lohn
Für große Mühe

Eine schlechte Ernte
Dagegen
Sorgt für die Hoffnung
Auf Lebensfreude

Im nächsten Jahr

*Alles in der Natur erfreut sich an sich selbst,
nur der Mensch meint, diese Freude mühsam
suchen zu müssen.*

*Alles will leben, alles will sein,
alles will lebendig sein.*

Verbotsschilder wie »Den Rasen nicht betreten« hindern den Menschen an der Entfaltung der Lebensfreude. Das wussten auch jene Mönche, die vor langer Zeit die Tempelgärten ihres Klosters den Besuchern zur Verfügung stellten mit den Worten »Kommt zu mir«, welche auf einem Schild geschrieben standen. Es gab keinen, der dieses Angebot ungenützt ließ. Und während die Besucher durch die Gärten wandelten, lernten sie sich an dem Schatz und der Weisheit der Natur zu erfreuen.

Als sie merkte, dass ihre Tochter sich stets überschätzte und darob unglücklich wurde, führte die Mutter sie zu einem Reisfeld. »Sieh dir die Pflanzen an«, sagte sie, »solange sie noch nicht reif sind, tragen sie ihren Kopf hoch erhoben und gestatten es dem Wind, sie in alle Richtungen zu verbiegen. Sobald sie aber reif geworden sind, lassen sie ihren Kopf nach unten hängen und der Wind kann ihnen keinen Schaden mehr zufügen.« Die Tochter verstand die Worte der Mutter und gab sich der natürlichen Entwicklung hin, wodurch sie die wahre Lebensfreude zu entdecken begann.

Die Freude am Leben kann niemals enden.
Denn es ist das Prinzip des Seins, dass alles
danach drängt, sich im Leben zu verwirklichen.

Materielles schafft eine Lebensfreude,
die schnell vergeht.
Lebensfreude aus dem Geist geboren bleibt.

知

Erkenntnis

知

Schmecke den Wein
Und spüre die Sonne in der Traube

Schmecke das Reiskorn
Und spüre die Sonne auf dem Feld

Schmecke das Leben
Und spüre die Sonne in dir selbst.

Die Sojabohne
Ist voll der Lebensfreude
Sonst würde sie nicht
Wachsen

Wer hat ihr
Diese Freude
Geschenkt

Liebe ist die Quelle aller Lebensfreude.

Jedes Blatt verschenkt sich an die Zukunft. Würde der Mensch genauso handeln, wüsste er, was Lebensfreude ist.

Ein Mann saß stundenlang an einem Fluss und angelte, doch kein Fisch biss an. Die Vorübergehenden spotteten: »Der weiß wohl nicht, wie man Fische fängt.« »Doch, doch, ich bin darin geübt«, entgegnete der Mann, »aber mittlerweile weiß ich, dass das Angeln selbst eine viel größere Freude bereitet, als die Beute aus dem Wasser zu holen.« »Wieso denn das?«, wollten die Leute wissen. »Solange man keinen Fang macht, ist man voller Hoffnung – und was bereitet einem mehr Lebensfreude als diese?«

Als der Kaiserin Wu der Tod erschien, rief sie voller Schreck: »Weshalb kommst du gerade jetzt, wo ich mein Leben so sehr genieße?« »Deshalb komme ich ja«, antwortete der Tod, »ich will dir zeigen, was wirkliche Freude am Leben ist.«

Wer das Wesen der Natur betrachtet,
wird seinen Gram durch Freude am Sein ersetzen.

Nicht die Jahre machen einen alt,
sondern der Verlust an Lebensfreude.

惜

Schatz

惜

Weil ein Tropfen Wasser
Vielerlei Gestalt
Annehmen kann

Freut er sich am Sein

Denn er weiß nun
Dass er
Zur Verwandlung

Fähig ist

Tränen der Trauer
Wegen des Todes

Tränen der Freude
Wegen des Lebens

Nimm nur das, was du brauchst,
und gib alles andere denen,
die bedürftig sind.
So schaffst du Lebensfreude
für dich selbst und die anderen.

Die Lebensfreude ist die größte Kraft,
die es gibt.
Nichts wird ohne sie bewegt.

Im Essen steckt die allergrößte Lebensfreude«, seufzte der Feinschmecker. »In der Zubereitung steckt die allergrößte Lebensfreude«, rief der Koch. »Im Abwaschen des Geschirrs steckt die allergrößte Lebensfreude«, lachte der Mönch.

Der große Dichter Su-Tong-Po meinte einmal: »Ein Bambuswald gleicht dem, was wir im Leben wollen.« »Was meinst du damit?«, wollte einer seiner Gäste wissen. »Ich will damit sagen, dass das Glück zu dem kommt, der es schafft, den Wald, ohne Schaden zu nehmen, zu durchqueren.« »Und was findet man dann?« »Dann findet man die wahre Freude am Leben.«

Lebensfreude kommt aus den Tiefen der Seele,
sie ist nichts,
was man im Außen zu finden vermag.

Was ist unser tiefster Wunsch?
Freude am Leben zu haben.
Wie kann man ihn erfüllen?
Indem man den Bedürftigen dient.

福

Glück

福

PIPER

François Lelord

Hectors Reise

oder die Suche nach dem Glück. Aus dem Französischen von Ralf Pannowitsch. 187 Seiten. Gebunden

Auf seiner Weltreise stellt Hector allen, denen er begegnet, dieselbe Frage, die wiederum bei Männern meist Belustigung, bei Frauen eher Tränen hervorruft: »Sind Sie glücklich?« Warum träumen wir so oft von einem glücklicheren Leben? Liegt das Glück im beruflichen Erfolg oder im privaten? Hängt es von den Umständen ab oder von unserer Sichtweise?
Am Ende seiner Abenteuer hat Hector dreiundzwanzig Antworten und erkennt: nichts ist einfacher als wahres Glück.

»Ein philosophisches Märchen.«
Le Figaro

01/1337/02/R

PIPER

François Lelord

Hector und die Geheimnisse der Liebe

Aus dem Französischen von Ralf Pannowitsch. 224 Seiten. Gebunden

Es war einmal ein junger Psychiater, der Hector hieß und als Glücksexperte sehr berühmt geworden war. Nun bekommt er von einem mächtigen Pharmakonzern einen zweifelhaften Auftrag: Er soll einen Professor finden, dessen Forschungen der Unstetigkeit der Liebe ein für alle Mal ein Ende bereiten können.
Warum verlieben wir uns in jemanden, der gar nichts von uns wissen will? Warum liebt manchmal der eine mehr als der andere? Kann man nicht für immer verliebt bleiben? Bei einer aufregenden Reise auf den Spuren des Professors und während einer Versuchsreihe, an der auch Hector teilnimmt, erfährt er selbst die Kompliziertheit der Liebe. Faszinierend! Könnte eine entsprechende Oxytocin-Dopamin-Rezeptur tatsächlich …?
In letzter Minute besinnt sich Hector. Obwohl sie so schwierig und schmerzlich sein kann, soll die Liebe in Ewigkeit bleiben, was sie ist: Laune des Augenblicks, das größte Glück und der einzige Moment, in dem Traum und Wirklichkeit eins werden.

01/1475/02/L

PIPER

Ina Vandewijer

Anana

Eine Inuit-Legende. Aus dem Flämischen von Barbara Heller. 125 Seiten mit Illustrationen von Heinke Both. Gebunden

Wenn eine Hungersnot die Inuit im Norden Alaskas bedroht, werden neugeborene Mädchen dem Tod preisgegeben. Doch die Mutter der kleinen Anana widersetzt sich dem grausamen Brauch und rettet ihre Tochter, indem sie sie als Jungen großwerden läßt. So spürt Anana von der ersten Stunde an, daß sie für alles wird kämpfen müssen. Das Kind wächst heran, beweist sich im Fischen und Fellenähen, Jagen und Häuten. Anana kann voraussagen, wo die Karibus sich versammeln werden, und ist im Einklang mit der winterharten Natur. Als junges Mädchen wird sie dank ihrer schamanischen Fähigkeiten endlich geachtet und söhnt sich mit ihrem Clan aus. Und dann erkennt die unabhängige Anana ausgerechnet in dem Weißen Thierry Dujark den Mann, der ihr bestimmt ist ...
Die mitreißende Geschichte der starken jungen Anana ist ein außergewöhnliches Leseerlebnis. Die preisgekrönte Autorin Ina Vandewijer findet dafür ihre eigene, kristallklare und sinnliche Sprache.

01/1343/01/R

Sergio Bambaren

Die Zeit der Sternschnuppen

Aus dem Englischen von Clara Lind. 151 Seiten
mit 10 farbigen Illustrationen von Dave Cutler. Gebunden

Die klügsten Theorien haben wir heute parat, wenn es um das Firmament mit seinen blitzenden Lichtern geht. Doch keine Logik der Welt kann den romantischen Zauber einer Nacht erklären, die von funkelnden Sternbildern erhellt wird. Nichts kann die magische Kraft des Vollmonds belegen oder beweisen, wie eine einzige Sternschnuppe dafür sorgt, daß in allen Ländern der Erde gleichzeitig Träume in Erfüllung gehen und Liebende zueinanderfinden. Denn dafür braucht es viel mehr: Achtsamkeit, Hoffnung und die Bereitschaft zu glauben. Das weiß auch Chandra, ein alter Sherpa: Während einer Nacht unter freiem Himmel auf fünftausend Metern weiht er den Erzähler in sein Wissen ein. Chandra offenbart ihm mehr über die Wunder des Universums, als er je für möglich gehalten hätte – mit den einfachsten Worten, aber der Weisheit des Herzens.

01/1378/01/L

Sergio Bambaren

Der träumende Delphin

Eine magische Reise zu dir selbst. Aus dem Englischen von Sabine Schwenk. 95 Seiten mit 10 farbigen Illustrationen von Heinke Both. Serie Piper

Was du tust ist wichtig, wichtiger aber ist, wovon du träumst – und daß du an deine Träume glaubst. Dies ist die Botschaft, die wir von dem träumenden Delphin lernen können. Wie einst »Die Möwe Jonathan« hat dieses Buch unzählige Leserinnen und Leser auf der ganzen Welt begeistert.

Der junge Delphin Daniel Alexander ist ein Träumer: Er ist davon überzeugt, daß es im Leben mehr gibt als Fischen und Schlafen, und so verbringt er seine Tage damit, auf den Wellen zu reiten und nach seiner eigenen Bestimmung zu suchen. Eines Tages spricht die Stimme des Meeres zu ihm und verkündet, Daniel werde den Sinn des Lebens finden, wenn ihm die perfekte Welle begegnet. So beschließt der junge Delphin, das sichere Riff zu verlassen …

05/1142/01/L

Sergio Bambaren

Ein Strand für meine Träume

Aus dem Englischen von Elke vom Scheidt. 160 Seiten mit 10 farbigen Illustrationen von Heinke Both. Serie Piper

Dieser liebevoll illustrierte Band erzählt, wozu wir tief im Innersten fähig sind, wenn wir auf die Stimme unseres Herzens hören: wie John, der in seinem Leben fast alles erreicht hat und dem nur noch eines fehlt – das persönliche Glück. Als er es wagt, loszulassen und zu verzichten, findet er nicht nur den Strand seiner Träume, sondern auch den Schlüssel zum eigenen Glück.

05/1143/01/R

SERIE PIPER

Sergio Bambaren

Der Traum des Leuchtturmwärters

Ein Ort für deine Sehnsüchte. Aus dem Englischen von Gaby Wurster. Mit 10 farbigen Illustrationen von Heinke Both. 120 Seiten. Serie Piper

Als Martin auf einer seiner Reisen der zauberhaften Paola begegnet, weiß er, daß sie die Frau ist, auf die er so lange gewartet hat. Auch für Paola ist es Liebe auf den ersten Blick. Gemeinsam suchen sie nach einem Ort für ihre Sehnsüchte, nach einem Platz, der nur ihnen beiden gehört. An der paradiesischen Küste Chiles entdecken sie die ideale Stelle: in der Nähe eines alten Leuchtturms mit Blick auf die faszinierenden Stimmungen des Meeres. Sergio Bambarens Buch ist eine berührende Geschichte über den Mut, den man braucht, um seine eigenen Träume wahr zu machen – und zu erkennen, daß es die ganz große Liebe nur einmal im Leben gibt.

05/1223/01/L

Sergio Bambaren

Die Botschaft des Meeres

Was dir die Wellen erzählen. Aus dem Englischen von Clara Lind. 125 Seiten mit 10 farbigen Illustrationen von Heinke Both. Serie Piper

Sergio Bambaren, der Autor des Bestsellers »Der träumende Delphin«, erzählt von dem geheimnisvollen Surfer Shaun und seiner Leidenschaft für das Meer, von der Magie des blauen Elements und der Sprache der Natur, die nur die wenigsten verstehen. Shaun weiß, wie man mit dem Herzen hört ...

»Literatur ist oft tröstlicher als die Gegenwart. Die von Sergio Bambaren allemal.«
Sächsische Zeitung

05/1797/01/R

Sun Tsu (Sunzi)

Wahrhaft siegt, wer nicht kämpft

Die Kunst des Krieges. Herausgegeben von Thomas Cleary. Aus dem Amerikanischen von Ingrid Fischer-Schreiber. 224 Seiten. Serie Piper

Zu gewinnen, ohne zu kämpfen, das ist das Ideal dieses 2500 Jahre alten chinesischen Klassikers über die Kunst des Krieges. Die Strategeme des chinesischen Meisters Sun Tsu (Sunzi) für den Umgang mit Konflikten lassen sich in allen Lebenslagen anwenden. Eine unerschöpfliche Inspirationsquelle für die Durchsetzung bei Konflikten und im Umgang mit Entscheidungen.

»Wenn du die anderen und dich selbst kennst, wirst du auch in hundert Schlachten nicht in Gefahr schweben; wenn du die anderen nicht kennst und dich selbst nicht kennst, dann wirst du in jeder einzelnen Schlacht in Gefahr sein.«

Sun Tsu

05/1878/01/L

Tsunetomo Yamamoto

Hagakure

Der Weg des Samurai. Aus dem Englischen von Guido Keller. 142 Seiten. Serie Piper

»Nicht länger als sieben Atemzüge« soll es dauern, bis man eine Entscheidung getroffen hat, schrieb Tsunetomo Yamamoto vor dreihundert Jahren im »Hagakure« (»Hinter den Blättern«). Dieser Ehrenkodex für Samurais spielt eine eindrucksvolle Hauptrolle in Jim Jarmuschs Film »Ghost Dog«. In kurzen Kapiteln vermittelt das »Hagakure« Wahrheiten, die noch immer gültig sind. Ähnlich wie Machiavellis »Der Fürst« oder Sunzis »Die Kunst des Krieges« zeigt es den Weg zu Entschlossenheit und Loyalität und schärft Verstand und Vertrauen in die eigenen Fähigkeiten. Daß auch der innere Friede ein entscheidender Faktor ist, die Durchsetzung bei Konflikten, die Gelassenheit bei privaten Entscheidungen und die Weisheit in der Lebensführung zu finden, macht das »Hagakure« zu einem besonderen Wegweiser in der heutigen Welt.

05/1181/01/R

SERIE PIPER